AQUÍ Y ALLÍ

José María López-Arcas Lostalet

AQUÍ Y ALLÍ
Primera Edición 2024

© José María López-Arcas Lostalet 2024

© Ediciones Rilke.
http://www.edicionesrilke.com
editorial@edicionesrilke.com
C/Dr. Fleming Nº 50, 4ºD
28036 Madrid
Teléfono: 34 91 345 38 17

ISBN-13:978-84-18566-47-9

Depósito Legal: M-23612-2024

AQUÍ Y ALLÍ

JOSÉ Mª LÓPEZ-ARCAS LOSTALET

En la esperanza de que estas poesías,
salidas del corazón de un no poeta,
puedan confortar a quién las lea.

*Con especial agradecimiento a la poeta **Elisabeth Klatt,** magnífica ilustradora del prestigioso Boston Consulting Group, que desinteresadamente, por amistad, me ha honrado elaborando la portada de este libro.*

DE AQUÍ PARA ALLÍ

Camina despacio calle abajo;
su silencio por compañero,
en cuanto sale del trabajo,
después de un día entero.

Su mirada apenas se recrea
cuando mira a su alrededor,
tan abstraído como pasea,
triste y recluido en su interior.

Absorto en sus pensamientos,
ni siquiera puede alcanzar a ver
la torpeza de sus movimientos
que es incapaz de contener.

Tan lejano y perdido va,
tan solo por la vida,
que ni siquiera recuerda
la felicidad un día vivida.

Sin nadie con quién hablar,
un día tras otro y otro,
su vida es un triste pasar,
aquí y allí, un día tras otro.

UN MUNDO SIN POESÍA

Para los poetas olvidados

Es una triste y penosa verdad.
Al mirar el mundo, no parece haber poesía.
Es una desventurada verdad;
pero todos la necesitamos más cada día.

Tu vecino, tu amigo, tu hermano,
componen un verso hermoso,
cuando te ofrecen su mano,
y tú la recoges muy silencioso.

A veces, todo parece desaparecer,
cuando te pierdes por el camino;
pero luchas por volver a renacer,
y sigues en busca de tu destino.

Ves el horizonte lejano, sin fin
y te preguntas por su sentido.
Ves el mundo hasta su confín
y figuras sentirte muy herido.

Te preguntas cuál es tu lugar,
con angustia en el corazón,
y no eres capaz de encontrar
ninguna verdadera razón.

Cada día pierdes toda tu ilusión;
cada día buscas algo de poesía,
que destruya tu amarga turbación,
hasta que alumbre un nuevo día.

Es un tiempo de destrucción,
en que los canallas mandan.
Es un tiempo de insatisfacción,
en que las injusticias abundan.

Pero es ya la hora de luchar
con la mano y la palabra,
de estar atentos sin desmayar,
y de que la mente se abra.

Poesía siempre, poesía para todos.
Poesía en todos los rincones.
Poesía siempre, poesía para todos.
Poesía en todos los corazones.

EL SILENCIO

Para tantos que están solos

En el silencio de la noche,
retumba su alma callada.
En el silencio de la noche,
no encuentra la paz anhelada.

Busca en su corazón
y solo hay pena.
No comprende la razón
para esa condena.

Sin tregua, la noche avanza,
su silencio permanece;
la desesperación le alcanza
tan pronto amanece.

Da vueltas en su cabeza,
sin parar, hora tras hora,
sin hallar ninguna certeza,
ni poder entender su ahora.

No halla ningún descanso
para su atroz tormento.
No hay un solo remanso
para su agrio descontento.

Ese silencio callado
es su mayor cadena.
Sin haberlo deseado,
de él está su vida llena.

EL OLVIDO

Para los que olvidan.
Para los que son olvidados.

Poco a poco, se borran;
los recuerdos abandonan su vida,
las puertas se cierran;
en su alma no tienen cabida.

Parece que no ha vivido;
no hay nada en su mente,
que parezca tener sentido,
y desaparece de repente.

Ve aquel rostro tan querido,
y le parece recordarlo.
En su memoria oscurecido,
ya no puede situarlo.

Su mirada perdida,
su rostro apagado,
sus ojos sin vida,
delatan su estado.

En silencio, va y viene
por todos los rincones,
aunque ya no siente
las antiguas emociones.

Su triste figura humana,
casi ya sin mente,
recuerda, de forma lejana,
que fue inteligente.

Dicen que sigue viviendo,
si a eso se puede llamar vivir;
saben que está mintiendo,
porque nada puede sentir.

Le hablan, le dicen y le susurran;
le cantan, le llevan y le traen,
sabiendo que ya no detendrán,
sus recuerdos que, en el olvido, caen.

DE UN LADO PARA OTRO

Ni siquiera sostiene la mirada
cuando, en silencio, escudriña el aire,
al tiempo que ve pasar su vida
confundida en las turbias brumas
en que posa su pensamiento.

Va y viene por las calles
sin seguir ningún rumbo,
mirando a lo lejos, sin ver,
escuchando el silencio, sin oír,
siempre por los mismos lugares.

Va y viene por esos pasos,
cada día y todos los días,
tan solo por usar algo de tiempo,
caminando sin ningún destino,
caminando solo por caminar.

Al doblar alguna vieja esquina,
algún recuerdo vuelve a su mente,
que le hace recordar un momento,
un retazo de su vida de repente,
que le aflora, fugaz, por un instante.

EL HOMBRE PERDIDO

Para los abandonados

No sé cómo escribir unos versos
para confortar a aquel hombre.
No sé cómo escribir unos versos
para quién no tiene ni nombre.

No sé cómo decirle, sin mentir,
que siga confiando en el futuro,
porque no quiero hacerle sentir
algo que ni yo mismo le auguro.

Abandonado al momento de nacer,
nunca sintió el cariño de su madre,
ni jamás alcanzó a poder reconocer
la firme protección de un padre.

No entiende por qué nació,
no sabe para qué vive,
no conoce a quién lo dejó,
ni tampoco si aún vive.

Cómo hablarle de esperanza,
de que el mundo no es así,
si ni siquiera esa confianza
la tienes tan segura para ti.

Habrá tal vez alguna razón,
aunque ahora no la entienda.
Debe reposar en su corazón;
quizás un día la comprenda.

EL HORIZONTE DEL MAR

Hacia el horizonte del mar,
impenetrable en su misterio,
diriges tu mirada inquisitiva,
temiendo ponerte a pensar.

Quisieras conocer su sentido.
la ignota causa de su origen,
buscar en él tu destino,
una explicación a lo vivido.

No alcanzas a saber la razón
por la que crees que, en el mar,
está escrito el principio de la vida,
pero así te lo dicta tu corazón.

Cuando fijas tu mirada en el mar,
sientes una sensación de paz
y te llena la sensación de calma
de quien está cerca de su hogar.

Dejas entonces de tanto pensar
y prefieres abandonarte a mirar,
para que tu mente recorra, libre,
ese hermoso horizonte del mar.

LA VIDA

Pasan los años
y pasa tu vida.
Resuena el tiempo,
con frialdad incontenida.
Aparece el silencio
cada hora perdida.
Solo recuperas
aquella hora vivida.
Sientes el peso
de cada verdad abatida.
Sufres el recuerdo
de cada ayuda desoída.
Ni siquiera recuerdas
aquella dura caída.
Das vueltas y vueltas
sin ninguna medida.
Cada momento
piensas en tu partida.
En el mundo, crees que
ya no tienes cabida.
Para ti, toda esperanza
ha sido hundida.
Solo quieres
no sufrir en tu salida.
Ni siquiera te preocupa
tu pronta despedida.
Pasan los años
y pasa tu vida.

CUENTOS

Un feliz día naces
y te cuentan cuentos.
Poco a poco, creces
y te cuentan cuentos.

Llegas a la juventud
y quieres vivir cuentos.
Descubres con acritud
que no hay cuentos.

Te dicen muchas cosas,
que amarás y serás amado.
Todas son preciosas,
vistas desde un solo lado.

Te dirán que vas a triunfar,
con solo intentarlo.
Te dirán que te van a amar,
con solo desearlo.

Te dejarán hablar con razón;
te oirán, pero no te escucharán.
Pondrán delante su cerrazón,
y tus palabras pronto pasarán.

No te dicen que tendrás que luchar,
que sufrirás mil y un desengaños.
No te dicen que tendrás que escuchar
cómo los hombres se causan daños.

Poco a poco, vas viviendo,
día a día, hora a hora,
y te sorprendes sabiendo
que ningún cuento aflora.

La vida no es un cuento,
no dejarán de repetirte,
La vida es un intento,
se cansarán de decirte.

EL JUEZ COBARDE

Para tantos que sufren injusticias

Como siempre, llegas tarde,
nunca defiendes la justicia;
eres, sobre todo, un cobarde,
que actúas lleno de malicia.

Llegas cada día al juzgado,
para dictar una sentencia;
con falso aire de enterado,
y sin ninguna conciencia.

Te pones tu seria toga negra,
para aparentar ser buen juez,
aunque tu palabra desintegra
todo lo que haces cada vez.

Destruyes la obligada esperanza
que otros tienen que simular sentir,
y arruinas la impostada confianza,
que, ante ti, deben aparentar reunir.

Con palabrería falsa y vacía,
crees cubrir las apariencias
de los que ansían justicia,
pero no engañas sus conciencias.

Tu corazón endurecido
ya no sufre por nada,
pero se te ve perdido,
al afrontar su mirada.

Detrás de esa negra toga vacía,
que solo muestra indignidad,
escondes la inmensa cobardía,
de tu inconmensurable vaciedad.

A nadie le importan nada de nada
las injusticias que has cometido,
ni la inoportuna verdad derribada,
porque por fin has ascendido.

Eres tan injusto y cobarde,
que ni siquiera puedes reconocer,
la llama que en tu pecho arde,
que no eres capaz de esconder.

Deshonras cada día tu función,
niegas la justicia a quien la merece;
sólo te guía tu pobre ambición,
único principio que te apetece.

SIEMPRE

Para ella,
siempre para ella.

Sabes que te ama;
lo ves en su rostro,
lo sientes en su sonrisa;
está en el fondo de sus ojos
cuando te mira.

Ni siquiera entiendes
lo que siente,
ni tampoco lo que sientes tú;
tan solo ocurre;
tan solo está en tu vida.

En la hora de la alegría,
en el tiempo de la tristeza,
en el momento de soledad,
cuando se abre la esperanza,
cuando se cierra el corazón.

Cuando nadie más está a tu lado,
cuando el tiempo desaparece para ti,
cuando necesitas seguro refugio,
cuando no sabes ni dónde estás,
cuando no sabes ni adónde vas.

Sabes que te ama;
lo ves en su rostro,
lo sientes en su sonrisa;
está en el fondo de sus ojos
cuando te mira.

ESA MUJER

Para María Lourdes

Fue en aquel tiempo en que eras joven;
correteabas por la arena de aquella playa,
mientras yo te miraba, hermosa, tan lejana,
y solo pensaba en escalar aquella muralla.

No sabía cómo hacer para acercarme,
y que, por primera vez, me vieras.
No sabía de qué manera colocarme,
para que, por primera vez, me sintieras.

Tú no sabías que empezaba a quererte,
y tampoco entendía yo lo que sentía.
No me atrevía ni a intentar hablarte,
por no sufrir un rechazo que temía.

Era ya el final de aquel verano,
que pronto me alejaría de ti.
Solo quería coger tu mano,
desde el día en que te vi.

Por fin, me atreví a acercarme,
no sabía ni lo que te decía,
pero tú parecías escucharme
y tu alegre rostro me sonreía.

El dulce timbre de tu voz
me infundía esperanza.
Cuando sentía tu cálida voz,
aumentaba mi confianza.

Aquel día, juntos comenzamos
nuestra común vida compartida,
y ya nunca nos separamos,
ni nuestra ilusión fue vencida.

LA MUCHACHA DE LAS FLORES

Para Sonia, la muchacha de las flores.
Para Marimar y Sandra.

Tras un gran ramo de rosas,
apura sus pasos ágiles,
pizpireta y ocupada,
la muchacha de las flores.

Solo se ve su rostro,
cuando pasa a tu lado,
rápida y concentrada,
para entregar esas flores.

Aunque fatigada, va contenta;
sabe que son las que un marido
entrega a su esposa cada año,
para celebrar su aniversario.

Y le encanta ver su bello rostro,
siempre emocionado y feliz,
cuando entrega a la bella mujer,
esas tan hermosas flores.

Cada año, sin fallar ninguno,
se acerca a la puerta de la casa,
y avisa de su llegada diciendo:
«Soy la muchacha de las flores».

CANCIÓN DEL DESAMOR

¿Por qué te fuiste?
¿Por qué te fuiste, tan de mañana?
¿Por qué te fuiste, si aún era de madrugada?
¿Por qué te fuiste, si la noche aún despuntaba?
¿Por qué te fuiste, si mi ilusión aún aleteaba?
¿Por qué te fuiste, si yo te amaba?
¿Por qué te fuiste, si mi corazón por ti vibraba?
¿Por qué te fuiste, si yo te necesitaba?
¿Por qué te fuiste, si yo a tu lado estaba?
¿Por qué te fuiste, si yo te miraba?
¿Por qué te fuiste, si yo te hablaba?
¿Por qué te fuiste, si nadie te esperaba?
¿Por qué te fuiste, tan desairada?
¿Por qué te fuiste, tan desesperada?
¿Por qué te fuiste, sin decirme nada?
¿Por qué te fuiste, para no volver?
¿Por qué te fuiste y no te volví a ver?
¿Por qué te fuiste y me dejaste?
¿Por qué te fuiste?
¿Por qué?

RECUERDOS

Cuántas veces te paras,
miras atrás y recuerdas,
los tiempos pasados,
las ilusiones vencidas,
las pasiones vividas,
los retos perseguidos,
los éxitos conseguidos,
los fracasos inmerecidos,
los amigos perdidos.

Cuántas veces te paras,
miras atrás y recuerdas,
las horas de tu niñez,
la agitación de tu juventud,
la esperanza de tu madurez,
la inquietud de buscar amor,
la pérdida de los que te amaron,
la desazón de los que te dejaron,
la decepción de los que te defraudaron.

Cuántas veces te paras,
miras atrás y recuerdas.

EN EL ADIÓS

Estás inmensamente triste,
tus ojos inundados de lágrimas,
tu bello rostro muestra tu pena.
Estás diciendo tu último adiós
al hombre que tanto amaste.

Miras por última vez su rostro yerto
y no puedes entender nada.
Nunca pensaste que podía suceder
y ahora te ves desesperada,
sin poder creer que ya estás sola.

Casi te atreves a echarle la culpa,
por dejarte para siempre abandonada.
Pero al final terminas por perdonar,
por marcharse de forma tan inesperada,
al hombre que tanto amaste.

Te quedas de pronto en silencio,
te guareces, callada, en ti misma,
te escondes del dolor y del miedo,
cierras un momento tus bellos ojos,
y piensas en el día que le conociste.

Sabes que su recuerdo y su amor
se quedarán eternamente contigo,
porque fue lo último que él te dijo,
y sabes que no puedes dejar de creer
al hombre que tanto amaste.

Esa noche será la primera noche
en que dormirás sin su presencia,
sin saber dónde está, si te mira,
si puede cuidarte, si te quiere,
si te vuelve a decir que te ama.

No entenderás qué es lo que pasa,
ni por qué aún tienes esperanza,
pero sientes algo en tu corazón
que conforta tu alma y recuerdas
al hombre que tanto amaste.

EN LA MAR

Y dicen que el pescado es caro...

Marino en un pesquero,
te juegas la vida,
auténtico guerrero,
para conseguir comida.

Surcas las olas,
atraviesas los mares,
siempre a solas,
con tus pesares.

Tu vista fatigada
el horizonte recorre,
sin encontrar nada;
solo la mar que corre.

En la cresta de las olas,
en la mar embravecida,
siempre, siempre, a solas,
has de ser tú quién decida,

En la proa de tu nave,
rompe la espuma.
Y se alza, blanca, un ave,
que la niebla esfuma.

Miras la mar,
desde tu puente,
viéndola pasar,
algo ausente.

Avanzas raudo la mar,
siempre mirando adelante,
seguro en tu navegar,
sin detenerte ni un instante.

Sujetas firme el timón,
mides la distancia,
diriges la navegación,
en acertada cadencia.

No es un barco velero,
que es para pescar.
No eres un rico heredero,
valiente hombre de mar.

En tu barco pesquero,
bogas con el corazón.
En tu barco pesquero,
luchas duro con tesón.

Nunca tu barco abandonarías,
nunca saltarías al mar,
nunca tu tripulación dejarías,
valiente hombre de mar.

Vives toda tu vida en silencio,
siempre mirando al mar.
Jamás dejas ver tu cansancio,
valiente hombre de mar.

Cuando pisas de nuevo el suelo,
sabes que vas a regresar,
porque ese barco es tu consuelo,
valiente hombre de mar.

Aunque eres feliz en tu hogar,
pronto quieres regresar.
Otra vez tienes que zarpar,
valiente hombre de mar.

Cuando ves la gris dársena,
al llegar a puerto y amarrar,
sientes una honda pena,
valiente hombre de mar.

Sabes que tu suerte
puede acabar en la mar.
Pero te sabes fuerte,
valiente hombre de mar.

Ese es tu camino,
que no quieres cambiar.
Ese es tu destino,
valiente hombre de mar.

Ese es tu camino,
que no puedes cambiar.
Ese es tu destino,
valiente hombre de mar.

LA PROFESORA DE AQUAGYM

Para Ani, con agradecimiento por su entrega, humanidad y profesionalidad.
Para sus alumnas y alumnos, por su respeto, ilusión y esfuerzo.

Erguida la figura,
serio el ademán,
recta la mirada,
de pronto, con voz pausada,
exclama: ¡Atención, chicas,
la clase va a comenzar!

Cada una quiere su lugar;
lo busca con mucho revuelo,
y lucha para lograr
poner los pies en el suelo.

Piernas arriba, piernas abajo,
la profesora ordena;
brazos arriba, brazos abajo,
nunca detiene la faena.

De un lado al otro,
todas se mueven.
De un lado al otro,
nunca se detienen.

Jóvenes de corazón,
son valientes,
luchan con tesón
y son persistentes.

Se mueven y ríen,
una y otra vez;
se estiran y saltan
todas juntas a la vez.

Siempre atenta,
controla la tabla.
Siempre contenta,
también les habla.

Cuando la clase acaba,
todas alegres y fatigadas,
por última vez les habla
y se retiran encantadas.

Lugar de ejercicio,
lugar de encuentro,
lugar de beneficio,
lugar de contento.

EL ABUELO

Abuelo, abuelo, abuelo,
grita el chiquillo alborozado,
nada más poner los pies en el suelo.

Lo busca con su mirada,
y, al encontrarlo, otra vez exclama:
abuelo, soy yo, abuelo.

Se va hacia él, sin dudarlo,
y, en cuanto lo ve,
se lanza a abrazarlo.

El abuelo lo mira con cariño,
sin dejar de preguntarse
por qué quiere tanto a ese niño.

El chavalillo echa de pronto a correr
y el abuelo, con infinita ternura,
hace como si no lo pudiera coger.

Corren muy felices los dos
de un lado para el otro,
hasta que terminan abrazados.

Cuéntame, abuelo, un cuento,
de los muchos que tú sabes,
para que me duerma contento.

Te contaré los que quieras,
le responde sonriendo,
porque te quiero de veras.

El abuelo le cuenta el cuento
y el niño se queda dormido,
tan satisfecho, al momento.

Lo mira con tanto cariño,
que a sí mismo se pregunta
por qué quiere a ese niño.

No hay ninguna razón,
bien lo sabe el abuelo;
es que brota del corazón.

SOBRE LA FAZ DE LA TIERRA

Dondequiera que miras,
ves rastros de sangre.
Dondequiera que vas,
ves rostros de hambre.

En la esquina de una calle,
en el zaguán de una catedral,
en la antesala de un palacio,
en la puerta de un estadio.

Bajo el arco de un puente,
arrimado al árbol de un parque,
arropado por la oscura noche,
tumbado a la orilla de un río.

Mirando a los que pasan,
sintiendo que no lo ven,
que apartan su mirada,
que aprietan el paso.

Pensando en lo que pudo ser,
ocultando avergonzado sus ojos,
ya sin nada en que creer,
ya sin nada que perder.

Muy dentro de su alma,
su estigma de fracasado,
su pena de olvidado,
su dolor ya tan cansado.

SIN RUMBO

De tanto pensar, estás cansado.
De tanto hablar, estás sobrado.
En el tiempo de tu vida, avanzas,
recorres tu camino desalentado,
abandonas todas tus esperanzas
y te sientes siempre abandonado.

Sientes dentro un dolor tan hondo,
que ni siquiera puedes entender,
que por ser tan terrible y profundo
nunca puedes aceptar merecer.
Está ahí por el hecho de existir,
que tú tampoco pudiste decidir.

Cuando el cielo se levanta del mar,
cuando la espuma de una ola se alza
y roza las esquivas y lejanas nubes,
ni siquiera esa hermosura te puede ayudar,
ni tu mirada agotada llega a alcanzar
la belleza allí donde el cielo se une al mar.

VIAJERO DEL TIEMPO

Uno entre todos,
viajero del tiempo,
recorres la vida.

No sabes de dónde vienes.
No sabes a dónde vas.
No sabes por qué estás.

Tu viaje no se detiene;
es tu propia vida,
hasta que se termina.

No sabes cuándo llegarás.
No sabes qué camino seguirás.
No sabes qué te encontrarás.

Tu tiempo es el de todos.
Lo compartes con ellos;
lo vives entre los demás.

Unos llegan y otros se van,
a lo largo de tu propia vida,
en tu mismo instante temporal.

Uno entre todos,
viajero del tiempo,
recorres la vida.

TIEMPO DE SILENCIO

Es el tiempo del silencio.
A lo largo de tu vida,
has llegado a entender
lo que nunca pensaste
que podrías comprender.

Ya es la hora final,
cuando ves con claridad
y sientes en el alma
el sentido de tu verdad,
en su eterna inmensidad.

Has visto tantas cosas…
el hambre, el dolor, la muerte,
la justicia, la injusticia, la verdad,
la mentira, el odio, el amor,
sin conocer su sentido.

Te preguntas, una vez más,
para qué estamos aquí,
por qué fuimos traídos,
y sabes, ahora que te vas,
que es el tiempo del silencio.

ÍNDICE